HL00210045

HL00210045

HL00210045

HL00210045

HL00210045

HL00210045

HL00210045

HL00210045

HL00210045

HL00210045

HL00210045

HL00210045

HL00210045

HL00210045

HL00210045

HL00210045

HL00210045

HL00210045

HL00210045

HL00210045

HL00210045

HL00210045

HL00210045

HL00210045

HL00210045

HL00210045

HL00210045

HL00210045

HL00210045

HL00210045

HL00210045

HL00210045

HL00210045

HL00210045

HL00210045

HL00210045

HL00210045

HL00210045

HL00210045

HL00210045

HL00210045

HL00210045

HL00210045

HL00210045

HL00210045

HL00210045

HL00210045

HL00210045

HL00210045

HL00210045

HL00210045

HL00210045

HL00210045

HL00210045

HL00210045

HL00210045

HL00210045

HL00210045

HL00210045

HL00210045

HL00210045

HL00210045

HL00210045

HL00210045

HL00210045

HL00210045

HL00210045

HL00210045

HL00210045

HL00210045

HL00210045

HL00210045

HL00210045

HL00210045

HL00210045

HL00210045

HL00210045

HL00210045

HL00210045

HL00210045

HL00210045

HL00210045

HL00210045

HL00210045

HL00210045

HL00210045

HL00210045

HL00210045

HL00210045

HL00210045

HL00210045

HL00210045

HL00210045

HL00210045

HL00210045

HL00210045

HL00210045

HL00210045

HL00210045

HL00210045

HL00210045

HL00210045

HL00210045

HL00210045

HL00210045

HL00210045

HL00210045

HL00210045

HL00210045

HL00210045